Comptines & Poésines

Châteaux de sable et cerfs-volants

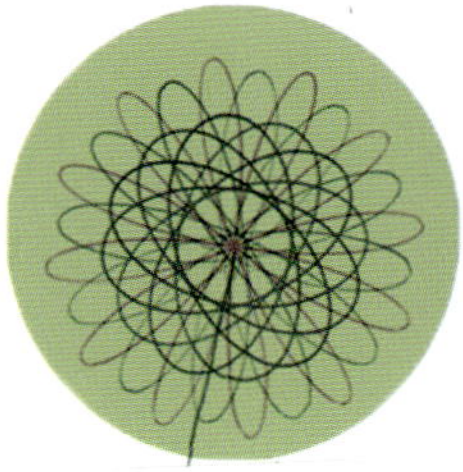

éditions éveil & découvertes

Mon château de sable

Construction éphémère
Modelée en plein vent ;

Château du bord de mer
Rêve d'un court moment.

Les vagues déferlantes
Remplissent ton fossé

Et ta muraille béante
Commence à s'écrouler.

La mer va emporter
Le reste du château

Que je reconstruirai
Alors un peu plus haut.

Trônant majestueux
Sur le sable doré,

Tu feras des envieux
Château du bel été !

Beau cerf-volant

Beau cerf-volant,
Tu voles, tu vrilles
Au bout du fil
Que tient l'enfant.

Beau cerf-volant,
Tu voles, tu files,
Tu te tortilles
Dans le grand vent.

Le crabe et l'étoile de mer

« Pourquoi marches-tu
de travers

Etrange petit
crabe vert ?

Pourquoi marches-tu de travers ? »

A murmuré l'étoile de mer.

Pas question de se laisser faire
Et écouter l'étoile de mer !

Il prend alors un air sévère
Et dit : « Tu commences à me plaire !

Agrippe-toi sur le rocher,
J'ai une autre spécialité.

Agrippe-toi sur le rocher,
Je pourrais venir te pincer ! »

Mémoire de coquillage

Si tu te rends sur la plage
Ramasse le coquillage ;
Celui qui dort dans le sable
Est pourtant reconnaissable ;

Lui seul pourra te parler,
Lui seul pourra te narrer

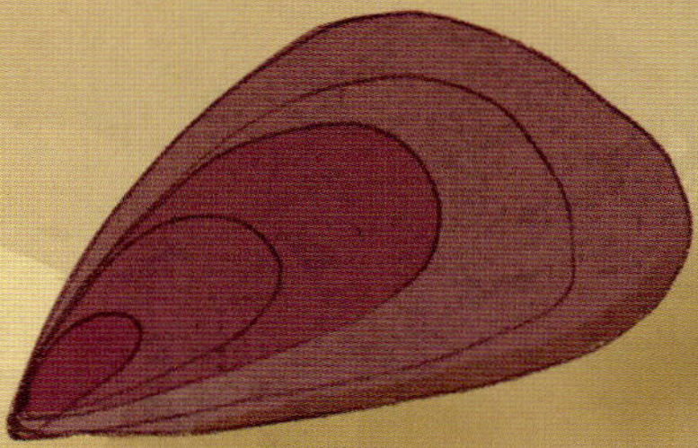

Ses souvenirs, ses voyages.
Les secrets de son grand âge…
« Si tu vas sur la plage
Écoute le coquillage ! »

Théophile

Théophile

A lâché le fil ;

Et le vent

En a profité

Pour voler

Son beau cerf-volant !

L'enfant crie :

« Viens beau cerf-volant ! »

Mais le vent

Veut jouer aussi.

« Mais pourquoi ? »

S'écrie Théophile ;

« Mais pourquoi

J'ai lâché le fil ! »

Temps des vacances

Chapeau de soleil
Lunettes de soleil

Une chaleur intense
Un temps de vacances.

Une serviette de bain
Un maillot de bain

Pour aller nager
Le temps d'un été.

Poisson tranquille

Le poisson nage
Tranquillement
Dans l'océan.

Loin de la plage
Des hurlements
Des jeux d'enfants.

Le poisson sage
Est très discret
Il est muet !

La forêt des parasols

Une forêt de parasols
A caché tout le sable blanc.
Une forêt de parasols
Protège tous les estivants.

Et le soleil est étonné
De les voir tous se crémer.
Il ne veut pas les brûler
Ils n'osent pas le regarder.

Quand on changera de saison
Les parasols se replieront.
On découvrira comme avant
La jolie plage de sable blanc.

Le phare

C'est au bout de la jetée
Que le phare a décidé

De bien éclairer la pénombre
Pour éviter qu'un navire sombre.

Et le phare jette son faisceau
Pour rassurer les bateaux

Qui se perdent dans l'océan
Et qui luttent dans le grand vent.

Le phare accueille sur le port
Ceux qui ont conjuré le sort

Bateaux aux voiles déchirées
Et marins abandonnés.

Ils trouvent le réconfort
Sans s'échouer sur le port

Car le phare se dresse fier
Les guidant de sa lumière.

Retour au port

Port

Portique de la plage

Plage bordée de rochers

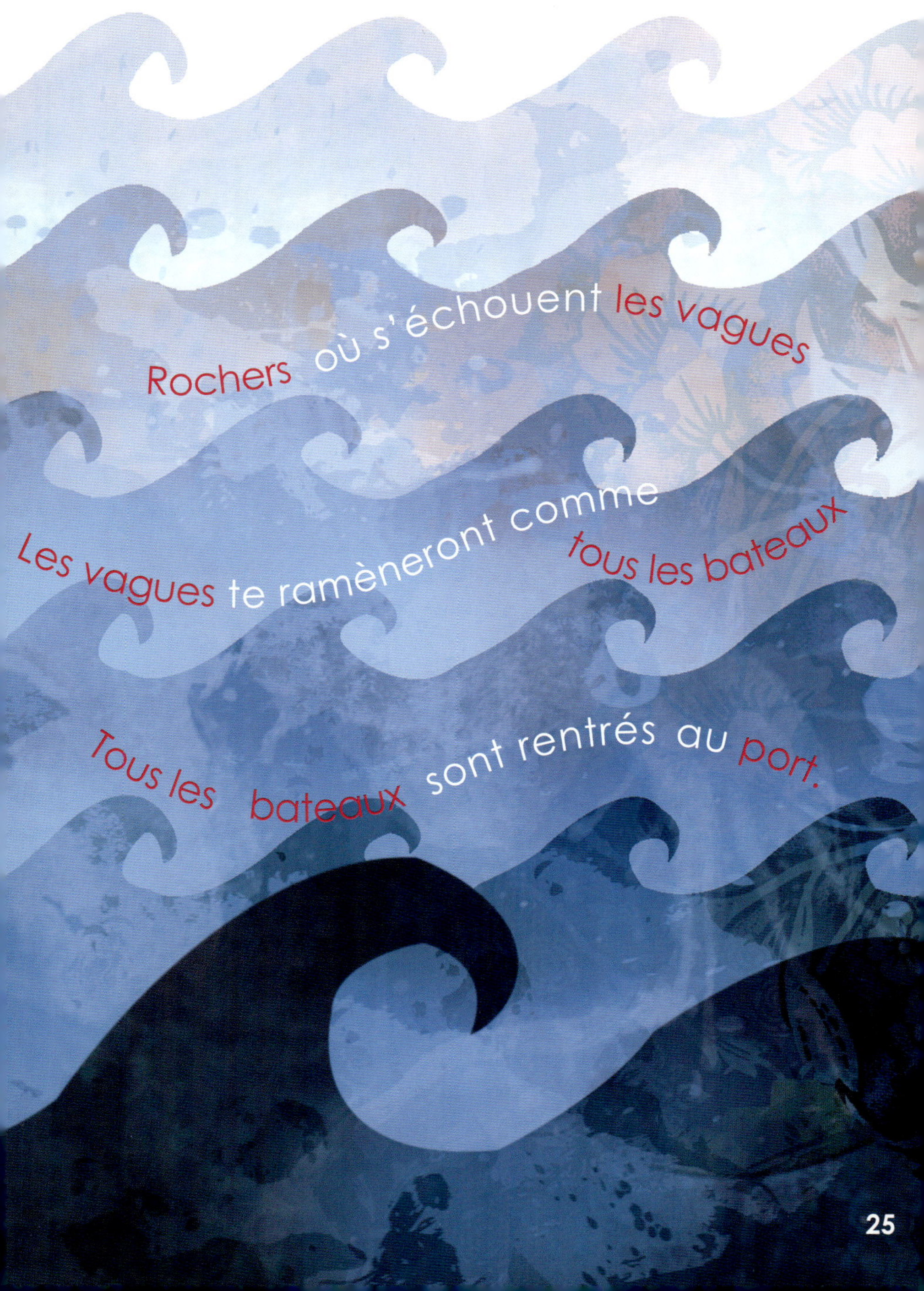

Rochers où s'échouent les vagues

Les vagues te ramèneront comme tous les bateaux

Tous les bateaux sont rentrés au port.

Étendard blanc

Il n'y a pas d'armes dans mon château
Juste des coquilles de couteaux.

Sur les murs ne pousse pas la glycine
Juste des algues vertes et marines.

Dans mon château, il n'y a pas d'or
Pourtant, j'y ai planté un trésor.

La plume blanche du goéland
Flotte tel un étendard au vent.

L'île aux tortues

Les tortues sont arrivées sur l'île
Il faut les laisser tranquilles ;

Les tortues n'ont pas pu trouver mieux
Pour venir pondre leurs œufs.

Un jour, les tortues repartiront
Avec tous leurs rejetons ;

Les tortues marcheront lentement
Pour retrouver l'océan.

Château solide

Pour que mon château de sable
Devienne impérissable,

Pour que la mer hésite
A l'emmener trop vite,

Prends ta pelle et ton seau,
Et pense à ton râteau.

N'oublie pas de prévoir
Aussi un arrosoir

Et quelques idées
Pour le consolider.

Dis-moi que c'est possible
Un château infrangible !

Cerf-volant libre

(Calligramme ascendant)

Ce souffle de liberté !

Merci de m'avoir laissé ce souffle.

Dans le ciel, il m'a dit merci !

Mon cerf-volant est monté dans le ciel

Quand j'ai coupé le fil de mon cerf-volant.

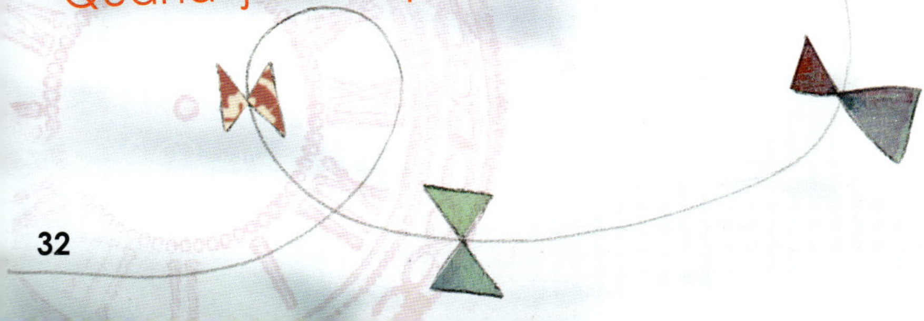

Nageur confirmé

Une bouée canard

Pour un nageur veinard.

Une bouée dauphin

Pour un nageur câlin.

Une bouée tortue

Pour un nageur têtu.

Pour moi, ce n'est pas la peine,

Je nage comme une baleine !

Où vont les crabes ?

Où vont les

Crabes

Émergés ?

A la recherche des

Nénuphars !

Soleil et ciel orangés

Le soleil est fatigué !
Pour aller se coucher,

Le soleil s'est déguisé
En une boule **orangée**.

Il a posé sur la mer

Des rais baignés de lumière.

Il se penche vers l'océan
En déclinant doucement.

Alors le ciel veut garder

Quelques traces **orangées** ;

Petits bonheurs éphémères

Avant la nuit sur la mer.

À Rome ou à Paris

(Pour Flavia)

Que l'on vive aux abords du Colisée
Ou sur les bords de l'île de la Cité,

Que l'on vive à Rome ou bien à Paris,
On ne résistera pas à l'envie

De savourer des glaces,
des gelati.

Glaces parfumées,
glaces colorées,

Desserts glacés tant
appréciés l'été,

Pendant la chaleur
d'un après-midi

Que l'on vive en
France ou en Italie.

La maison de Normandie

Dans la maison à colombages,
Tout près des dunes et de la plage,

Les vagues te tiendront compagnie
Pendant le jour, pendant la nuit.

Tu verras les rouleaux se briser
Laissant l'écume sur les rochers,

Et tu percevras l'odeur iodée
Même quand tu iras te coucher

Dans la maison à colombages,
Tout près des dunes et de la plage.

Allures de chevaux

Au pas, au pas, au pas,
tous les chevaux altiers
Cheminent, paisibles sur le
sentier côtier.

Au trot, au trot, au trot,
tous les chevaux jubilent
Au loin : des herbes hautes ; les dunes
se profilent.

Au galop, au galop,
crinières volant au vent,
Tous les chevaux s'élancent, ils ont
vu l'océan.

Textes : Pascal Boille

Illustrations : Flavia Sorrentino

Mise en page : Élodie Lhomme
Sabrina Petitpas

Du même auteur
et dans la même collection :

Conforme à la loi n°49.956 du 16 juillet 1949
sur les publications destinées à la jeunesse.

ISBN : 978-2-35366-034-6
Dépôt légal : deuxième trimestre 2010

Imprimé en Union européenne
en partenariat avec www.alphabook.fr

www.eveiletdecouvertes.fr